JN495485

佛說阿彌陀經 寫經

● 사경 방법

- 몸과 마음을 청정하게 합니다.
  세면과 양치질을 하고 몸가짐을 단정히 합니다.
  목욕재계하면 더욱 좋습니다.
- 주변 환경을 정돈합니다.
  사경 장소에는 불상이나 부처님 사진, 불화 등을 모시고 향로를 준비해 두면 좋습니다.
- 바르게 앉은 자세에서 호흡을 가다듬습니다.
- 부처님전을 향해 합장하고 사경 의식 작법에 따라 의식문을 염송합니다.
- 붓(펜, 만년필, 연필 등을 사용)을 잡고 사경을 시작합니다.
- 일자일배(一字一拜) 또는 일행삼배(一行三拜) 등의 사경신앙이 전해오는데 그대로 따르면 좋겠지만, 그렇지 못할 때는 한 줄 쓰고 난 뒤 합장하고 다시 자세를 가다듬어 거듭 경건한 마음으로 사경에 임하는 것이 좋습니다.
- 사경이 끝나면 사경한 날짜와 사경인의 불명(이름)을 쓴 후, 사경을 통해 가장 청정해진 마음으로 가족과 이웃을 위해 축원을 합니다.
- 사경이 끝나면 손수 쓴 경전을 들고 소리내어 한 번 독송하면 좋습니다.
- 사경회향문을 염송하고 불전에 삼배를 올립니다.

● 사경 의식 작법

1. **삼정례**(三頂禮)

일심정례 불타야중 一心頂禮 佛陀耶衆 일심으로 부처님께 절하옵니다
일심정례 달마야중 一心頂禮 達摩耶衆 일심으로 가르침에 절하옵니다
일심정례 승가야중 一心頂禮 僧伽耶衆 일심으로 스님들께 절하옵니다

2. **사경발원문**(寫經發願文)

시방세계의 모든 부처님과 보살님께 발원하옵니다. 오늘 저희 불자들은 지극한 마음으로 사경법회를 봉행하오니 이 사경 공덕이

무량하여 선망부모는 왕생극락하고 다겁이래로 지은 죄업이 모두 소멸되어 위없는 깨달음을 얻게 하소서. 거듭 청하옵나니, 지금 이루어지는 이 경전이 미래세가 다하도록 없어지지 않아, 이후 모든 이웃들이 이 경전을 보면 환희심을 내고 불법을 깊이 깨달아 구경에 성불하길 진심으로 발원하옵니다.

3. **참회문**(懺悔文)

아득히 먼 옛적부터 제가 지은 모든 악업
탐착심과 증오심과 미혹으로 생기었고
몸과 입과 뜻을 따라 무명으로 지었기에
제가 이제 부처님께 참회하고 비옵니다

본래 없이 마음 따라 일어난 죄는
마음이 사라지면 죄도 사라져
죄와 마음 모두 다 공해진다면
이 경지를 참참회라 이름하리라

참회진언 「옴 살바 못자 보디 사다야 스바하」(3번)

4. **입정**(入定)

5. **사경**(寫經)

6. **사경회향문**(寫經回向文)

사경 공덕 무량하여 삼업중죄 소멸하니
몸과 마음 굳게 가져 보리심을 발합니다
세세생생 보살의 길 나아가기 원하오니
시방삼세 부처님은 증명하여 주옵소서

7. **사홍서원**(四弘誓願)

중생무변서원도 衆生無邊誓願度 중생을 다 건지오리다
번뇌무진서원단 煩惱無盡誓願斷 번뇌를 다 끊으오리다
법문무량서원학 法門無量誓願學 법문을 다 배우오리다
불도무상서원성 佛道無上誓願成 불도를 다 이루오리다

佛說阿彌陀經
(불설아미타경)

姚秦 龜茲三藏 鳩摩羅什
(요진 구자삼장 구마라집)

如是我聞
(여시아문)

一時 佛 在舍衛國 祇樹給孤獨園
(일시 불 재사위국 기수급고독원)

與大比丘僧 千二百五十人俱, 皆
(여대비구승 천이백오십인구 개)

是大阿羅漢 衆所知識 長老舍利弗
(시대아라한 중소지식 장로사리불)

摩訶目犍連 摩訶迦葉 摩訶迦旃延
(마하목건련 마하가섭 마하가전연)

극락세계와 아미타부처님을 찬탄하는 법문

요진의 구자국 출신 구마라집 삼장이 한역하다

이와 같이 나는 들었습니다:

한때 부처님은 천이백오십 인이나 되는 많은 비구들과 함께 사위국 기원정사에 계셨습니다. 그들은 모두 널리 알려진 아라한으로, 장로 사리불; 마하목건련; 마하가섭; 마하가전연; 마하구치라; 리바다; 주리반타가; 난다; 아난다; 라후라; 교범바데; 빈두로파라타; 가루다이; 마하겁빈나; 박구라; 아누루타와 같은 많은 제자들과 문수사리 법왕자;

마하구치라 리바다 주리반타가
摩訶拘絺羅 離婆多 周梨槃陀迦

난다 아난다 라후라 교범바데 빈
難陀 阿難陀 羅睺羅 憍梵波提 賓

두로파라타 가루다이 마하겁빈나
頭盧頗羅墮 迦留陀夷 摩訶劫賓那

박구라 아누루타 여시등 제대제
薄拘羅 阿㝹樓馱 如是等 諸大弟

자 병제보살마하살 문수사리법왕
子 幷諸菩薩摩訶薩 文殊師利法王

자 아일다보살 건타하데보살 상
子 阿逸多菩薩 乾陀訶提菩薩 常

정진보살 여여시등 제대보살 급
精進菩薩 與如是等 諸大菩薩 及

아일다보살; 건타하데보살; 상정진보살 등 여러 많은 보살과, 석데환인 등 수많은 천인들도 자리를 함께 했습니다.

석데환인등 무량제천대중 구
釋提桓因等 無量諸天大衆 俱

이시 불고장로사리불
爾時 佛告長老舍利弗

종시서방 과십만억불토유세계 명
從是西方 過十萬億佛土有世界 名

왈극락 기토유불 호아미타 금현
曰極樂 其土有佛 號阿彌陀 今現

재설법
在說法

사리불 피토하고 명위극락 기국
舍利弗 彼土何故 名爲極樂 其國

중생 무유중고 단수제락 고명극
衆生 無有衆苦 但受諸樂 故名極

그때 부처님께서 장로 사리불에게 말씀하셨습니다:

“여기서 십만억 불국토를 지난 서쪽에 ‘극락’이라고 하는 세계가 있고, 그곳에는 아미타라 불리는 부처님이 지금도 법을 설하고 계신다.

사리불이여, 저 세계가 어찌하여 극락이라 불리우는 줄 아는가? 그곳의 중생들은 어떤 괴로움도 없고 오직 즐거움만 받으므로 극락이라

락 우 사리불 극락국토 칠중난순
樂 又 舍利弗 極樂國土 七重欄楯

칠중나망 칠중항수 개시사보 주
七重羅網 七重行樹 皆是四寶 周

잡위요 시고 피국 명위극락
匝圍繞 是故 彼國 名爲極樂

우 사리불 극락국토 유칠보지 팔
又 舍利弗 極樂國土 有七寶池 八

공덕수 충만기중 지저 순이금사
功德水 充滿其中 池底 純以金沙

포지 사변계도 금은 유리 파려
布地 四邊階道 金銀 瑠璃 玻瓈

합성 상유누각 역이금은 유리 파
合成 上有樓閣 亦以金銀 瑠璃 玻

고 불리운다. 또 사리불이여, 극락세계에는 일곱 겹의 난간과 일곱 겹의 나망(羅網)과 일곱 겹의 가로수가 모두 금·은·청옥·수정의 네 가지 보석으로 장엄(식)되어 있다. 이 까닭에 그 나라가 극락이라고 불리우는 것이다.

또 극락세계에는 칠보로 된 연못이 있는데 여덟 가지 공덕이 있는 물로 가득 차 있다. 그 연못 바닥에는 금모래가 깔려 있고, 연못 둘레에는 금·은·청옥·수정의 네 가지 보석으로 된 네 개의 층계가 있으며, 그 위에는 금·은·청옥·수정·적진주·마노·호박으로 찬란

려 자거 적주 마노 이엄식지 지
瓈 硨磲 赤珠 碼碯 而嚴飾之 池

중연화 대여거륜 청색청광 황색
中蓮華 大如車輪 青色青光 黃色

황광 적색적광 백색백광 미묘향
黃光 赤色赤光 白色白光 微妙香

결 사리불 극락국토 성취여시공
潔 舍利弗 極樂國土 成就如是功

덕장엄
德莊嚴

우 사리불 피불국토 상작천악 황
又 舍利弗 彼佛國土 常作天樂 黃

금위지 주야육시 우천만다라화
金爲地 晝夜六時 雨天曼陀羅華

하게 꾸며진 누각이 있다. 또 그 연못 속에는, 푸른 빛에서는 푸른 광채가, 누른 빛에서는 누른 광채가, 붉은 빛에서는 붉은 광채가, 흰 빛에서는 흰 광채가 나는 수레바퀴만한 연꽃이 피어 참으로 아름답고 향기롭고 정결하다. 사리불이여, 극락세계는 이와 같은 공덕장엄으로 이루어져 있다.

또 사리불이여, 저 불국토에는 항상 천상의 음악이 연주되고, 대지는 황금색으로 빛나고 있으며, 밤낮으로 천상의 만다라 꽃비가 내린

기토중생 상이청단 각이의극 성
其土衆生 常以清旦 各以衣裓 盛

중묘화 공양타방십만억불 즉이식
衆妙華 供養他方十萬億佛 卽以食

시 환도본국 반사경행 사리불 극
時 還到本國 飯食經行 舍利弗 極

락국토 성취여시공덕장엄
樂國土 成就如是功德莊嚴

부차 사리불 피국 상유종종 기묘
復次 舍利弗 彼國 常有種種 奇妙

잡색지조 백학 공작 앵무 사리
雜色之鳥 白鶴 孔雀 鸚鵡 舍利

가릉빈가 공명지조 시제중조 주
迦陵頻伽 共命之鳥 是諸衆鳥 晝

다. 그 불국토의 중생들은 이른 아침마다 바구니에 여러 가지 아름다운 꽃을 담아 가지고 다른 세계로 다니면서 십만억 부처님께 공양하고, 조반 전에 돌아와 식사를 마치고 산책한다. 사리불이여, 극락세계는 이와 같은 공덕장엄으로 이루어져 있다.

또 사리불이여, 그 불국토에는, 오근(五根)과 오력(五力)과 칠보리분(七菩提分)과 팔정도(八正道)를 밤낮을 가리지 않고 항상 화평하고 맑은 소리로 노래하는 백학 · 공작 · 앵무새 · 사리새 · 가릉빈가 · 공명조

야 육 시 출 화 아 음 기 음 연 창 오 근
夜六時 出和雅音 其音 演暢五根

오 력 칠 보 리 분 팔 성 도 분 여 시 등
五力 七菩提分 八聖道分 如是等

법 기 토 중 생 문 시 음 이 개 실 염 불
法 其土衆生 聞是音已 皆悉念佛

염 법 염 승
念法 念僧

사 리 불 여 물 위 차 조 실 시 죄 보 소
舍利弗 汝勿謂 此鳥 實是罪報所

생 소 이 자 하 피 불 국 토 무 삼 악 도
生 所以者何 彼佛國土無三惡道

사 리 불 기 불 국 토 상 무 악 도 지 명
舍利弗 其佛國土 尙無惡道之名

등 아름답고 기묘한 여러 빛깔을 가진 새들이 있다. 그 나라 중생들은 그 (노래) 소리를 들으면, 부처님을 생각하고 법문을 생각하며 승가를 생각하게 된다.

사리불이여, 그대는 이 새들이 죄업으로 생긴 것이라고는 생각하지 말라. 까닭이 무엇인가. 그 불국토에는 지옥·아귀·축생 등 삼악도(三惡道)가 없기 때문이다. 사리불이여, 그곳에는 지옥이라는 말조차도

하황유실 시제중조 개시아미타불
何況有實 是諸衆鳥 皆是阿彌陀佛

욕령법음선류 변화소작
欲令法音宣流 變化所作

사리불 피불국토 미풍취동 제보
舍利弗 彼佛國土 微風吹動 諸寶

항수 급보나망 출미묘음 비여
行樹 及寶羅網 出微妙音 譬如

백천종악 동시구작 문시음자 자
百千種樂 同時俱作 聞是音者 自

연 개생염불 염법 염승지심 사리
然 皆生念佛 念法 念僧之心 舍利

불 기불국토 성취여시공덕장엄
弗 其佛國土 成就如是功德莊嚴

없는데 하물며 (그런 것이) 실지로 있겠는가. 이와 같은 새들은 아미타불께서 모두 법문을 펴기 위해 화현으로 만든 것이다.

사리불이여, 그 불국토에서 미풍이 불면 보석으로 장식된 가로수와 나망에서 마치 백천 가지 악기가 합주되는 듯한 아름다운 소리가 나온다. 이 소리를 듣는 사람은 부처님을 생각하고 법문을 생각하며 승가를 생각하는 마음이 저절로 우러나게 된다. 사리불이여, 극락세계는 이와 같은 공덕장엄으로 이루어져 있다.

사리불 어여의운하 피불하고 호
舍利弗 於汝意云何 彼佛何故 號

아미타 사리불 피불광명 무량 조
阿彌陀 舍利弗 彼佛光明 無量 照

시방국 무소장애 시고 호위아미
十方國 無所障碍 是故 號爲阿彌

타 우 사리불 피불수명 급기인민
陀 又 舍利弗 彼佛壽命 及其人民

무량무변 아승기겁 고명아미타
無量無邊 阿僧祇劫 故名阿彌陀

사리불 아미타불 성불이래 어금
舍利弗 阿彌陀佛 成佛已來 於今

십겁
十劫

사리불이여, 그 부처님을 어찌하여 '아미타불'이라 하는 줄 아는가? 그 부처님의 광명이 한량없이 시방세계를 두루 비추어도 조금도 걸림이 없기 때문이다. 또 사리불이여, 그 부처님과 그 나라 인민의 수명이 한량없고 끝이 없는 아승기겁이므로 아미타불이라 한다. 아미타불이 부처가 된 지는 벌써 십겁이 지났다.

우 사리불 피불유무량무변 성문
又 舍利弗 彼佛有無量無邊 聲聞

제자 개아라한 비시산수지소능지
弟子 皆阿羅漢 非是算數之所能知

제보살중 역부여시 사리불 피불
諸菩薩衆 亦復如是 舍利弗 彼佛

국토 성취여시공덕장엄
國土 成就如是功德莊嚴

우 사리불 극락국토 중생생자 개
又 舍利弗 極樂國土 衆生生者 皆

시아비발치 기중 다유일생보처
是阿鞞跋致 其中 多有一生補處

기수심다 비시산수소능지지 단가
其數甚多 非是算數所能知之 但可

또 사리불이여, 그 부처님에게는 어떠한 수 단위로도 그 수효를 헤아릴 수 없이 많은 아라한 성문(聲聞) 제자들이 있으며, 보살 대중의 수도 또한 그러하다. 사리불이여, 극락세계는 이와 같은 공덕장엄으로 이루어져 있다.

또 사리불이여, 극락세계에 태어나는 중생들은 다 보리심에서 물러나지 않는 이들이며, 그 가운데는 일생 보처(一生補處)에 오른 이들이 많아 숫자와 비유로도 헤아릴 수 없고, 다만 무량 무변 아승기라고 표

이 무 량 무 변 아 승 기 설
以無量無邊 阿僧祇說

사 리 불 중 생 문 자 응 당 발 원 원 생
舍利弗 衆生聞者 應當發願 願生

피 국 소 이 자 하 득 여 여 시 제 상 선
彼國 所以者何 得與如是 諸上善

인 구 회 일 처
人 俱會一處

사 리 불 불 가 이 소 선 근 복 덕 인 연
舍利弗 不可以少善根 福德因緣

득 생 피 국 사 리 불 약 유 선 남 자 선 여
得生彼國 舍利弗 若有善男子善女

인 문 설 아 미 타 불 집 지 명 호 약 일
人 聞說阿彌陀佛 執持名號 若一

현할 뿐이다.

사리불이여, 이 법문을 들은 중생들은 마땅히 저 세계에 가서 나기를 서원해야 할 것이다. 까닭이 무엇인가. 으뜸가는 여러 사람들과 함께 그곳에서 수행할 수 있기 때문이다. 사리불이여, 적은 선근 복덕의 인연으로는 저 세계에 가서 날 수 없다.

사리불이여, 아미타불에 대한 이야기를 듣고 하루나 이틀 혹은 사흘, 나흘, 닷새, 엿새, 이레 동안 한결같은 마음으로 아미타불의 이름을 외우되, 조금도 마음이 흐트러지지 않는 선남자 선여인이 있다면,

일 약이일 약삼일 약사일 약오일
日 若二日 若三日 若四日 若五日

약육일 약칠일 일심불란 기인 임
若六日 若七日 一心不亂 其人 臨

명종시 아미타불 여제성중 현재
命終時 阿彌陀佛 與諸聖衆 現在

기전 시인종시 심부전도 즉득왕
其前 是人終時 心不顚倒 卽得往

생아미타불극락국토
生阿彌陀佛極樂國土

사리불 아견시리 고설차언 약유
舍利弗 我見是利 故說此言 若有

중생 문시설자 응당발원생피국토
衆生 聞是說者 應當發願生彼國土

그가 임종할 때에 아미타불이 여러 거룩한 분들과 함께 그 사람 앞에 나타날 것이다. 그래서 그는 생각이 뒤바뀌지 않고(흔들리지 않고) 목숨을 마치고 아미타불의 극락세계에 왕생하게 될 것이다.

사리불이여, 나는 이러한 도리를 알고 이와 같은 설법을 하는 것이니, 만일 이 법문을 듣는 중생이 있다면, 마땅히 저 국토에 가서 나기를 발원해야 할 것이다.

사 리 불 여 아 금 자 찬 탄 아 미 타 불
舍利弗 如我今者 讚歎阿彌陀佛

불 가 사 의 공 덕 지 리 동 방 역 유 아
不可思議 功德之利 東方亦有 阿

촉 비 불 수 미 상 불 대 수 미 불 수
閦鞞佛 須彌相佛 大須彌佛 須

미 광 불 묘 음 불 여 시 등 항 하 사 수
彌光佛 妙音佛 如是等 恒河沙數

제 불 각 어 기 국 출 광 장 설 상 변 부
諸佛 各於其國 出廣長舌相 遍覆

삼 천 대 천 세 계 설 성 실 언 여 등 중 생
三千大千世界 說誠實言 汝等衆生

당 신 시 칭 찬 불 가 사 의 공 덕 일 체 제
當信是稱讚不可思議功德 一切諸

사리불이여, 내가 지금 아미타불의 한량없는 공덕을 찬탄하는 것처럼, 동방에도 아촉비불 · 수미상불 · 대수미불 · 수미광불 · 묘음불 등 수없는 부처님들이 각기 그 세계에서 삼천대천세계에 두루 미치도록 진실한 말씀으로 '그대들은 모든 부처님께서 한결같이 찬탄하시고 보호하는 불가사의한 공덕이 있는 이 법문을 진심으로 믿으라'고 설법하고 계신다.

불소호염경
佛所護念經

사리불 남방세계유일월등불 명문
舍利弗 南方世界有日月燈佛 名聞

광불 대염견불 수미등불 무량정
光佛 大燄肩佛 須彌燈佛 無量精

진불 여시등 항하사수제불 각어
進佛 如是等 恒河沙數諸佛 各於

기국 출광장설상 변부삼천대천세
其國 出廣長舌相 遍覆三千大千世

계 설성실언 여등중생 당신시칭
界 說誠實言 汝等衆生 當信是稱

찬불가사의공덕 일체제불소호염
讚不可思議功德 一切諸佛所護念

사리불이여, 남방세계에도 일월등불 · 명문광불 · 대염견불 · 수미등불 · 무량정진불 등 수없는 부처님들이 각기 그 세계에서 삼천대천세계에 두루 미치도록 진실한 말씀으로 '그대들은 모든 부처님께서 한결같이 찬탄하시고 보호하는 불가사의한 공덕이 있는 이 법문을 진심으로 믿으라'고 설법하고 계신다.

경
經

사리불 서방세계유무량수불 무
舍利弗 西方世界有無量壽佛 無

량상불 무량당불 대광불 대명불
量相佛 無量幢佛 大光佛 大明佛

보상불 정광불 여시등 항하사수
寶相佛 淨光佛 如是等 恒河沙數

제불 각어기국 출광장설상 변부
諸佛 各於其國 出廣長舌相 遍覆

삼천대천세계 설성실언 여등중생
三千大千世界 說誠實言 汝等衆生

당신시칭찬불가사의공덕 일체제
當信是稱讚不可思議功德 一切諸

사리불이여, 서방세계에도 무량수불 · 무량상불 · 무량당불 · 대광불 · 대명불 · 보상불 · 정광불 등 수없는 부처님들이 각기 그 세계에서 삼천대천세계에 두루 미치도록 진실한 말씀으로 '그대들은 모든 부처님께서 한결같이 찬탄하시고 보호하는 불가사의한 공덕이 있는 이 법문을 진심으로 믿으라'고 설법하고 계신다.

불 소 호 염 경
佛所護念經

사 리 불 　북 방 세 계 유 염 견 불 　최 승 음
舍利弗 北方世界有燄肩佛 最勝音

불 　난 저 불 　일 생 불 　망 명 불 　여 시 등
佛 難沮佛 日生佛 網明佛 如是等

항 하 사 수 제 불 　각 어 기 국 　출 광 장 설
恒河沙數諸佛 各於其國 出廣長舌

상 　변 부 삼 천 대 천 세 계 　설 성 실 언
相 遍覆三千大千世界 說誠實言

여 등 중 생 　당 신 시 칭 찬 불 가 사 의 공
汝等衆生 當信是稱讚不可思議功

덕 　일 체 제 불 소 호 염 경
德 一切諸佛所護念經

사리불이여, 북방세계에도 염견불 · 최승음불 · 난저불 · 일생불 · 망명불 등 수없는 부처님들이 각기 그 세계에서 삼천대천세계에 두루 미치도록 진실한 말씀으로 '그대들은 모든 부처님께서 한결같이 찬탄하시고 보호하는 불가사의한 공덕이 있는 이 법문을 진심으로 믿으라' 고 설법하고 계신다.

사 리 불 하 방 세 계 유 사 자 불 명 문 불
舍利弗 下方世界有師子佛 名聞佛

명 광 불 달 마 불 법 당 불 지 법 불 여
名光佛 達摩佛 法幢佛 持法佛 如

시 등 항 하 사 수 제 불 각 어 기 국 출
是等 恒河沙數諸佛 各於其國 出

광 장 설 상 변 부 삼 천 대 천 세 계 설 성
廣長舌相 遍覆三千大千世界 說誠

실 언 여 등 중 생 당 신 시 칭 찬 불 가 사
實言 汝等衆生 當信是稱讚不可思

의 공 덕 일 체 제 불 소 호 염 경
議功德 一切諸佛 所護念經

사 리 불 상 방 세 계 유 범 음 불 수 왕
舍利弗 上方世界有梵音佛 宿王

사리불이여, 하방세계에도 사자불 · 명문불 · 명광불 · 달마불 · 법당불 · 지법불 등 수없는 부처님들이 각기 그 세계에서 삼천대천세계에 두루 미치도록 진실한 말씀으로 '그대들은 모든 부처님께서 한결같이 찬탄하시고 보호하는 불가사의한 공덕이 있는 이 법문을 진심으로 믿으라'고 설법하고 계신다.

사리불이여, 상방세계에도 범음불 · 수왕불 · 향상불 · 향광불 · 대염

불 향상불 향광불 대염견불 잡색
佛 香上佛 香光佛 大焰肩佛 雜色

보화엄신불 사라수왕불 보화덕
寶華嚴身佛 娑羅樹王佛 寶華德

불 견일체의불 여수미산불 여시
佛 見一切義佛 如須彌山佛 如是

등 항하사수제불 각어기국 출광
等 恒河沙數諸佛 各於其國 出廣

장설상 변부삼천대천세계 설성실
長舌相 遍覆三千大千世界 說誠實

언 여등중생 당신시칭찬불가사의
言 汝等衆生 當信是稱讚不可思議

공덕 일체제불소호염경
功德 一切諸佛所護念經

견불 · 잡색보화엄신불 · 사라수왕불 · 보화덕불 · 견일체의불 · 여수미산불 등 수없는 부처님들이 각기 그 세계에서 삼천대천세계에 두루 미치도록 진실한 말씀으로 '그대들은 모든 부처님께서 한결같이 찬탄하시고 보호하는 불가사의한 공덕이 있는 이 법문을 진심으로 믿으라'고 설법하고 계신다.

사 리 불 어 여 의 운 하 하 고 명 위 일

舍利弗 於汝意云何 何故 名爲一

체 제 불 소 호 염 경 사 리 불 약 유 선 남

切諸佛所護念經 舍利弗 若有善男

자 선 여 인 문 시 경 수 지 자 급 문 제

子善女人 聞是經 受持者 及聞諸

불 명 자 시 제 선 남 자 선 여 인 개 위 일

佛名者 是諸善男子善女人 皆爲一

체 제 불 지 소 호 념 개 득 불 퇴 전 어 아

切諸佛之所護念 皆得不退轉於阿

뇩 다 라 삼 먁 삼 보 리 시 고 사 리 불

耨多羅三藐三菩提 是故 舍利弗

여 등 개 당 신 수 아 어 급 제 불 소 설

汝等 皆當信受我語 及諸佛所說

사리불이여, 이 법문을 가리켜 어찌하여 모든 부처님들이 한결같이 보호하는 법문이라 하는 줄 아는가? 사리불이여, 만일 이 법문을 듣고 받아 지니거나 부처님의 이름을 듣는 선남자 선여인이 있다면, 이 모든 선남자 선여인은 부처님의 옹호함을 입어 '위없이 바른 깨달음'에서 물러나지 않음을 얻게 된다. 그러므로 사리불이여, 그대들은 내 법문과 여러 부처님의 법문을 믿고 받아지녀야 한다.

사리불 약유인 이발원 금발원 당
舍利弗 若有人 已發願 今發願 當

발원 욕생아미타불국자 시제인등
發願 欲生阿彌陀佛國者 是諸人等

개득불퇴전어아뇩다라삼먁삼보
皆得不退轉於阿耨多羅三藐三菩

리 어피국토 약이생 약금생 약당
提 於彼國土 若已生 若今生 若當

생 시고 사리불 제선남자선여인
生 是故 舍利弗 諸善男子善女人

약유신자 응당발원생피국토
若有信者 應當發願生彼國土

사리불 여아금자 칭찬제불 불가
舍利弗 如我今者 稱讚諸佛 不可

사리불이여, 만일 아미타불의 세계에 가서 나기를 이미 발원하였거나 지금 발원하거나 혹은 장차 발원하는 사람이 있다면, 그는 위없이 바른 깨달음에서 물러나지 않고, 그 세계에 벌써 났거나 지금 나거나 혹은 장차 날 것이다. 그러므로 신심이 있는 모든 선남자 선여인은, 극락세계에 가서 나기를 발원해야 한다.

사리불이여, 내가 지금 여러 부처님의 불가사의한 공덕을 칭찬하듯

사의공덕 피제불등 역칭찬아불가
思議功德 彼諸佛等 亦稱讚我不可

사의공덕 이작시언 석가모니불
思議功德 而作是言 釋迦牟尼佛

능위심난희유지사 능어사바국토
能爲甚難希有之事 能於娑婆國土

오탁악세 겁탁 견탁 번뇌탁 중생
五濁惡世 劫濁 見濁 煩惱濁 衆生

탁 명탁중 득아뇩다라삼먁삼보리
濁 命濁中 得阿耨多羅三藐三菩提

위제중생 설시일체세간 난신지법
爲諸衆生 說是一切世間 難信之法

사리불 당지 아어오탁악세 행차
舍利弗 當知 我於五濁惡世 行此

이, 저 부처님들도 '석가모니 부처님이 어렵고 희유한 일을 하셨다. 시대가 흐리고, 견해가 흐리고, 번뇌가 흐리고, 중생이 흐리고, 생명이 흐린 사바세계의 오탁악세(五濁惡世)에서 위없이 바른 깨달음을 얻고 중생들을 위해 세상에서 믿기 어려운 법을 설한다'고 하며 나의 불가사의한 공덕을 칭찬하실 것이다.

사리불이여, 내가 이 오탁악세에서 갖은 고행 끝에 위없이 바른 깨

난 사 득 아 녹 다 라 삼 먁 삼 보 리 위
難事 得阿耨多羅三藐三菩提 爲

일 체 세 간 설 차 난 신 지 법 시 위 심 난
一切世間 說此難信之法 是爲甚難

불 설 차 경 이 사 리 불 급 제 비 구 일
佛說此經已 舍利弗 及諸比丘 一

체 세 간 천 인 아 수 라 등 문 불 소 설
切世間 天人 阿修羅等 聞佛所說

환 희 신 수 작 례 이 거 종
歡喜信受 作禮而去 <終>

달음을 얻고, 모든 세상(과 중생)을 위해 믿기 어려운 법을 설하는 것은 결코 쉬운 일이 아님을 알아야 한다."

부처님께서 이 경전을 설하시자, 사리불과 비구들과 모든 세간의 천인 아수라들이 부처님께서 설하신 법문을 듣고 기뻐하며 예배하고 물러갔습니다.

〈이것으로 아미타경이 완성되었습니다.〉

나 무 서 방 정 토 극 락 세 계
南無 西方淨土 極樂世界

나 무 아 미 타 불
南無阿彌陀佛

무 량 수 불 설 왕 생 정 토 주
無量壽佛說往生淨土呪

「나무아미다바야 다타가다야 다디야타 아미리도바비 아미리다 싯단바비 아미리다 비가란데 아미리다 비가란다 가미니 가가나 깃다 가례 스바하」

계 수 서 방 안 락 찰 접 인 중 생 대 도 사
稽首西方安樂刹 接引衆生大導師

아 금 발 원 원 왕 생 유 원 자 비 애 섭 수
我今發願願往生 唯願慈悲哀攝受

서방 안락한 세계에 중생을 인도하시는 크신 스승님께 머리 숙이오며
제가 이제 원왕생을 발원하오니 자비로써 애민히 여겨 거두옵소서

사경발원문
寫經發願文

아금서원진미래 소성경전불란괴
我今誓願盡未來 所成經典不爛壞

미래세가 다하도록 이 경전 파괴되지 않아지이다

가사삼재파대천 차경여공불산파
假使三災破大千 此經如空不散破

대천세계 무너뜨릴 삼재도 허공같은 이 경전 흩지 못하리

약유중생어차경 견불개경경사리
若有衆生於此經 見佛開經敬舍利

부처님 뵙듯 경을 펴고 사리를 공경하듯 사경하면

발보리심불퇴전 수보현인속성불
發菩提心不退轉 修普賢因速成佛

보리심 낸 데서 물러나지 않고 보현행을 행하면 부처 이루리

회향게
廻向偈

원이차공덕 보급어일체
願以此功德 普及於一切

아등여중생 개공성불도
我等與衆生 皆共成佛道

발원문
發願文

불기 년 월 일
佛紀 年 月 日

발원제자 합장
發願弟子 合掌

정 념 게

(바른 마음 챙김)

불제자 ○○○는 나고 죽는 길을 헤매는 범부로서 업장이 지중하여 육도에 윤회함에 괴로움이 이루 말할 수 없었습니다. 그러나 다행히도 이제 선지식을 만나 아미타불의 명호와 공덕을 듣고 일심으로 사경하며 염불하여 왕생하기를 바라옵니다.

바라건대 자비를 드리우사 가엾이 여겨 거두어 주옵소서.

어리석은 저는 부처님 몸의 상호와 광명을 알지 못하오니,

원컨대 나투시어 저로 하여금 친견케 하옵소서.

그리고 관세음과 대세지 여러 보살들을 뵙게 하시고, 서방정토의 청정한 장엄과 광명과 미묘한 형상들을 역력히 보게 하여 주옵소서.

원왕극락문

(극락세계에 나고자 하는 발원문)

연지대사

극락세계에 계시면서 중생을 이끌어 주시는 아미타불께 귀의하옵고, 그 세계에 가서 나기를 발원하옵나니 자비하신 원력으로 굽어 살펴 주시옵소서.

저희들이 네 가지 은혜 끼친 이와 삼계 중생들을 위하여 부처님의 위없는 도를 이룩하려는 정성으로 아미타불의 거룩하신 명호를 일컬으며 극락세계에 가서 나기를 원하나이다. 업장은 두텁고 복과 지혜 엷사와 더러운 마음 물들기 쉽고 깨끗한 공덕 이루기 어렵기에 이제 부처님 앞에서 지극한 정성으로 예배하고 참회하나이다.

저희들이 끝없는 옛적부터 오늘에 이르도록 몸과 입으로 또 마음으로 한량없이 지은 죄와 한량없이 맺은 원수, 모두 녹여 버리옵고 오늘부터 서원

을 세워 나쁜 짓 멀리하여 다시 짓지 아니하고 보살도 항상 닦아 물러나지 아니하여 정각을 이루어서 중생을 제도하려 하옵나니 아미타 부처님이시여, 대자대비하신 원력으로 저희들을 증명하시며 저희들을 어여삐 여기시며 저를 가피하시와 삼매에서나 꿈속에서나 아미타불의 거룩하신 상호를 뵈옵고 아미타불의 장엄하신 국토에 다니면서 아미타불의 감로로 뿌려주시고 광명으로 비춰주시고 손으로 만져주시고 옷으로 덮어주심 입사와 업장은 소멸되고 선근은 자라나고 번뇌는 없어지고 무명은 깨어져서 원각의 묘한 마음 뚜렷하게 열리옵고 상적광토가 항상 앞에 나타나지이다.

또 이 목숨 마치올제 갈 시간 미리 알아 여러 가지 병고액난, 이 몸에 없어지고 탐진치 온갖 번뇌는 마음에 씻은 듯이 육근이 화락하고 한 생각 분명하여 이 몸을 버리옵기 정에 들 듯 하옵거든 그때에 아미타불께서 관음·세지 두 보살과 모든 성중 데리시고 광명 놓아 맞으시며 손 들어 이끄시사 높고 넓은 누각들과 아름다운 깃발들과 맑은 향기, 고운 풍류, 거룩하온 극락세계 눈앞에 분명커든 보는 이, 듣는 이들 기쁘고 감격하여 위없이 깨친 마음 다같이 발하올제 이내 몸 고이고이 금강대에 올라 앉아 부처님 뒤를 따라 극락정토 나아가서 칠보로 된 연못 속에 상품상생 하온 뒤에 불·보살 뵈옵거든 미묘한 법문 듣고 무생법인 깨치오며 부처님 섬기옵고 수기를 친히 받아 삼신·사지와 오안·육통과 백천 다라니와 온갖 공덕을 원만하게 이루어지이다.

그러한 후 극락세계를 떠나지 아니하고 사바세계에 다시 돌아와 한량없는 분신으로 시방국토 다니면서 여러 가지 신통력과 갖가지 방편으로 무량중생 제도하여 탐진치 삼독 여의옵고 깨끗한 참맘으로 극락세계에 함께 가서 물러나지 않는 자리에 오르게 하려 하오니 세계가 끝이 없고 중생이 끝이 없고 번뇌 업장이 모두 끝이 없사올제 저희의 서원도 끝이 없나이다.

저희들이 지금 예배하고 발원하여 닦아 지닌 공덕을 온갖 중생에게 베풀어주어 네 가지 은혜 골고루 갚사옵고 삼계 유정들 모두 제도하여 다같이 일체 종지를 이루어지이다.

불설아미타경 사경

1998년(佛滅2542年) 2월 14일 1판
2017년(佛滅2561年) 2월 28일 7판 1쇄

펴낸곳 / 情宇書籍
펴낸이 / 신 지 연

등록 1992년 5월 16일 제2-1373호
서울 종로구 수송동 두산위브파빌리온 1231호
전화 (02)720-5538, 팩스 730-5538

값 / 2,000원

ISBN 89-8023-132-4 13220

정우서적 도서목록

■ **이론과 교양서적(전법륜)** : 불교와 불교역사를 알기 쉽게

- 계초심학인문을 아십니까(8,000원)
- 불교 유식학 강의(10,000원)
- 상식에서 유식으로(8,000원)
- 서 장(35,000원)
- 역주치문경훈(30,000원)
- 완역 티베트 사자의 서(15,000원)
- 육조대사법보단경요해(15,000원)
- 삼밀시식행법해설(15,000원)
- 인간학불교(7,000원)
- 조선어기원론(20,000원)
- 화엄과 선(10,000원)
- 해탈 그리고 넙바나(8,000원)
- 천수경 의궤로 읽다(10,000원)
- 불교, 소설과 영화를 말하다(10,000원)
- 선문답의 일지미(15,000원)
- 상식으로 만나는 불교(9,000원)
- 신심명증도가(10,000원)
- 원각경 현담(18,000원)
- 위대한 여성 붓다 아르야 따라의 길(15,000원)
- 이판사판 화엄경(10,000원)
- 일본불교의 빛과 그림자(8,000원)
- 천수기도법(4,000원)
- 달마 이전의 중국선(20,000원)
- 핵심아함경(5,000원)

■ **국한문 대역 경서**

- 지장보살본원경(6,000원)
- 학습용 초발심자경문(5,000원)
- 사십이장경(5,000원)
- 부모은중경 · 우란분경 · 목련경 · 심지관경(5,000원)

■ **의식 및 불자 신행서**

- 소원성취기도법(2,500원)
- 신행수첩(5,000원)
- 상용불교의식해설(25,000원)
- 염불왕생문(12,000원)
- 신행요집(12,000원)
- 상용불교의식(22,000원)
- 다비천도작법(12,000원)
- 천불천배 자비도량참법(18,000원)

■ **사경시리즈** : 경전을 베껴 쓰며 뜻을 이해하게 하는 사경집

- 금강경 한문토 · 우리말 해석 · 한글음 사경(각 2,500원)
- 천수경 · 아미타경 · 보문품 사경(각 2,000원)
- 아미타지장관세음사불집/49일 기도용(3,000원)
- 지장보살본원경 사경(5,000원)
- 대불정능엄신주 사경(1,000원)

정우서적 (02/720-5538 카페 cafe.daum.net/jungwoobooks)